Seeheim, den 13. Mai 2012

Liebe Linda!
Herzliche Glück- und Segenswünsche zu Deinem großen Tag, Deinem Fest, Deiner Konfirmation!
Bei Deiner Konfirmation sagst Du "Ja zu Gott – ER will bei Dir sein – und wir wünschen Dir von Herzen, daß Du immer – oder oft – auf der Suche bist nach IHM, denn auf IHN ist Verlaß. ER möge Dich beschützen, das wünschen von ganzem Herzen
Deine Oma und Dein Opa

SCM
Stiftung Christliche Medien

Dieses Werk einschließlich aller seiner Teile ist urheberrechtlich geschützt. Jede Verwendung außerhalb der engen Grenzen des Urheberrechtsgesetzes ist ohne vorherige schriftliche Einwilligung des Verlages unzulässig und strafbar. Das gilt insbesondere für Vervielfältigungen, Übersetzungen und die Einspeicherung und Verarbeitung in elektronischen Systemen.

© 2012 SCM Collection im SCM-Verlag GmbH & Co. KG · Bodenborn 43 · 58452 Witten
Internet: www.scm-collection.de; E-Mail: info@scm-collection.de

Soweit nicht anders angegeben, sind die Bibelverse folgender Ausgabe entnommen:
Neues Leben. Die Bibel, © Copyright der deutschen Ausgabe 2002 und 2006 by SCM R.Brockhaus im SCM-Verlag GmbH & Co. KG, Witten.
Weiter wurden verwendet:
S. 46/47: Lutherbibel, revidierter Text 1984, durchgesehene Ausgabe in neuer Rechtschreibung,
© 1999 Deutsche Bibelgesellschaft, Stuttgart.
Fotos: Gerti G. 18, kallejipp 24, Nadine Platzek 32, Nicklp 36, miss.sophie 42, yara 52, DGone 60
(alle photocase.com)

Gesamtgestaltung: Dietmar Reichert, Dormagen
Druck und Bindung: Dimograf
Gedruckt in Polen
ISBN 978-3-789-39515-4
Bestell-Nr. 629.515

Steffen Kern

VOLL KONFI!

Dein Buch zur Konfirmation

SCM Collection

INHALT

Herzlichen Glückwunsch zu deiner Konfirmation! ... 8
„Ja!" ... 10
McDonalds oder Jesus? ... 14
Du hast die Wahl ... 16
Wer ist Jesus? Für dich? ... 20
Gott hat die Qual ... 22
Jogis Jungs und Jesu Jünger ... 26
Durchs Feuer ... 28
Du bist erwählt ... 30
Das Geheimnis des Glücks ... 34
Der verlorene Sohn ... 38
Ein guter Vater ... 40
Auch mit 'ner Sechs in Mathe ... 44
In Gottes Hand legen ... 48
Pssst ... Geheimnis! ... 50
Die Kreuzwege meines Lebens ... 54
Partner gesucht – und gefunden ... 58
Trotzdem für mich ... 62

Die Konfi-Gruppe ... 64
Meine Gäste ... 66
Diese Seite ist nur für dich ... 68

HERZLICHEN GLÜCKWUNSCH
ZU DEINER KONFIRMATION!

Ich gratuliere dir zu deinem großen Fest. Und obwohl wir uns vermutlich nicht persönlich kennen, wünsche ich dir alles Gute.

Alles Gute – das mein ich ernst: Ich wünsche dir mehr, als du mit allem Geld der Welt bezahlen kannst. Mehr, als du mit deinen eigenen Händen schaffen kannst. Mehr sogar, als du dir erträumen kannst. Ich wünsche dir Leben! Das volle Leben, das du heute schon genießen kannst und das für immer bleibt. Ein Leben an Gottes Seite. Denn Gott will dich. Er will dir dieses Leben schenken. Gib dich also nicht mit weniger zufrieden!

„Ich bin gekommen, dass sie das Leben und volle Genüge haben", sagt Jesus Christus. Dieses Leben wünsche ich dir. Vielleicht entdeckst du ein Stück davon, wenn du in diesem Buch blätterst.

Gott segne dich!

Sei herzlich gegrüßt!

Dein

In der Kirche das Ja-Wort geben – da denkt natürlich jeder sofort an eine Hochzeit. Stimmt ja auch, bei einer Hochzeit sagen zwei Menschen Ja zueinander. Aber das ist nicht die einzige Gelegenheit, bei der es in der Kirche um ein Ja geht. Es gibt noch zwei Ereignisse, die im Gottesdienst gefeiert werden und die mit einem Ja zu tun haben: die Taufe und die Konfirmation.

Bei der Taufe sagt Gott Ja zu dir. Er verspricht dir: „Was ich für die ganze Welt getan habe – das gilt auch dir persönlich." Was allen gilt, darfst und sollst du ganz direkt auf dich beziehen:

Denn Gott hat die Welt so sehr geliebt, dass er seinen einzigen Sohn hingab, damit jeder, der an ihn glaubt, nicht verloren geht, sondern das ewige Leben hat. JOHANNES 3,16

Bei der Konfirmation geht es darum, dass du das verstanden hast und immer tief in deinem Herzen das Wissen tragen willst: Für dich ist Jesus in die Welt gekommen. Für dich ist er gestorben. Für dich ist er auferstanden. Für dich bereitet er einen Platz im Himmel vor. Für dich – das alles für dich.

In der Taufe sagt Gott Ja zu dir. Nun, bei deiner Konfirmation, antwortest du mit einem Ja: „Ja, das soll in meinem Leben gelten. Ja, ich nehme das an, was du für mich getan hast. Ja, ich vertraue dir, Jesus, und ich will mit dir leben."

Überlass dem Herrn die Führung deines Lebens und vertraue auf ihn, er wird es richtig machen.

Psalm 37,5

MC DONALDS ODER JESUS?

14

Fast-Food-Essen macht fett und ist ungesund. Eigentlich nichts Neues. Spätestens seit Super Size Me, dem Anti-Burger-Film, der vor ein paar Jahren im Kino lief, wissen wir das. Die Story des Streifens ist einfach: Ein Mann isst 30 Tage lang nur bei McDonald's und nimmt 11 Kilo zu. Außerdem bekommt er Bluthochdruck und Kopfschmerzen.

Wie gesagt: Die Tatsache, dass Fast-Food-Essen ungesund ist, ist nicht neu. Neu aber ist die Einsicht: Fast-Food-Essen macht nicht nur dick, sondern auch doof. Na ja, das stimmt so wohl nicht ganz, aber das legt zumindest eine Szene aus dem Film nahe: Einigen Kindern wurden Bilder gezeigt, und sie sollten sagen, wen sie darauf sahen. Sie erkannten auf Anhieb die Werbefigur von McDondald's, Ronald McDonald, aber Jesus erkannten sie nicht.

Das finde ich nun wirklich tragisch: Wir kennen alle möglichen Promis; wir wissen, wer den Big Mac erfunden hat, aber den, der sich die Schöpfung ausgedacht hat, kennen wir nicht. Wir wissen, wer ganz oben in den Charts steht, aber wer oben im Himmel wohnt, ist uns unbekannt. Wir kennen Fußball- und Filmstars, aber den Star der Bibel kennen wir nicht.

Wie ist das bei dir? Kennst du Jesus? Was weißt du über sein Leben? Und wichtiger noch: Wie gut kennst du ihn persönlich? Welche Bedeutung hat er für dein Leben?

Zur Auffrischung deiner Jesus-Kenntnisse empfehle ich dir, das Lukasevangelium in deiner Bibel zu lesen. Um Jesus neu zu begegnen, empfehle ich dir, einfach mal mit ihm zu reden. Er hört, wenn du betest. Und wenn du trotzdem mal wieder bei McDonald's isst, dann empfehle ich dir wenigstens ein Tischgebet. ☺

Du hast die Wahl

Wir sind in unserem Leben praktisch ständig herausgefordert zu wählen. Es fängt morgens nach dem Aufstehen mit der Kleiderwahl an: Hemd oder Pulli? Rot oder blau? Jeans oder Cargohose? Mittags dann die Essenswahl: Vesper oder Kantine? Pizza oder MacDonald's? Fette Pommes oder gesunder Salat? Und dann abends die Freizeitwahl – wahrscheinlich die schwerste Wahl des Tages: Pro Sieben oder Jugendkreis? facebook oder Freunde treffen? DSDS oder CVJM?

Den ganzen Tag über das gleiche Spiel: Du hast die Wahl. Natürlich ist es nicht unwichtig, wie du dich entscheidest, aber vor allem ist wichtig, dass du dich auch bewusst entscheidest! Manchmal hab ich den Eindruck: Wir haben zwar die Wahl, aber wir entscheiden uns nicht mehr bewusst. Wir „zappen" uns einfach so durchs Leben – so wie beim Fernsehen. Wir wählen nichts Bestimmtes aus, sondern „hüpfen" von einem Programm zum andern. Wir sehen alles, aber nichts richtig. Bei dem Stuss, der in der Glotze kommt, ist das nicht so schlimm. Aber wenn wir so leben, wie wir fernsehen, dann wird es tragisch.

Beispiel: Partnerwahl. Natürlich gilt da: Du hast die Wahl. Susi, Sandra oder Sabrina? Alex, Max oder Xavier? Für wen entscheidest du dich? Entscheidest du dich überhaupt oder „zappst" du halt von Susi zu Sandra und dann irgendwann weiter zu Sabrina?

Kann es sein, dass wir wahlmüde geworden sind? Aber wer wahlmüde ist, ist lebensmüde. Denn leben heißt wählen, sich entscheiden und auch zu der Entscheidung stehen.

Genauso bei der Berufswahl. Du hast die freie Auswahl. Die Frage ist: Was machst du? Maurer, Maler oder Makler? Erzieherin, Krankenschwester oder doch lieber ein Studium? Klar, das will gut überlegt sein - genau wie vieles andere auch. Aber einmal musst du dich entscheiden. Einen Weg wählen und den dann auch gehen.

Leben heißt wählen. Das gilt übrigens auch für die Frage: Will ich glauben oder nicht?

Herr, zeige mir den richtigen Weg, damit ich nach deiner Wahrheit lebe! Gib mir das Verlangen ins Herz, dich zu ehren.

Psalm 86,11

WER IST JESUS? FÜR DICH?

Jesus stellte seinen Freunden einmal eine interessante Frage: „Was halten denn die Leute von mir? Was sagen sie, wer ich bin?"

„Tja", sagten die Freunde, „die halten dich für einen tollen Typen. Die einen sagen, du seist Johannes der Täufer. Die andern, du seist Elia, Jeremia oder sonst ein Prophet – jedenfalls haben die meisten eine ziemlich hohe Meinung von dir."

„Aha", sagte Jesus, „ist ja ganz interessant. Und was denkt ihr? Was glaubt denn ihr, wer ich bin?"

PAFF! Die Frage saß.

Und weißt du was? Das ist die Frage überhaupt – auch für uns heute. Wer ist Jesus für dich? Nicht: Wer ist Jesus im Allgemeinen? Nicht: Was sagen die Leute über Jesus? Was sagt meine Kirche über Jesus? Was sagen meine Freunde, meine Eltern, meine Lehrer, das Fernsehen oder die ganze Welt über Jesus? Entscheidend ist nur: Was sagst du? Wer ist Jesus für dich? Irgendeine Größe der Weltgeschichte – oder der Herr deiner Lebensgeschichte? Irgendein netter Gutmensch wie Gandhi und Mutter Teresa – oder der Retter deines Lebens? Ein Superstar – oder einfach dein Freund? Weißt du, genau das will Jesus sein: dein Freund, dein Retter, der Herr deines Lebens. Es geht um eine Entscheidung fürs Leben. Und Zappen gilt nicht. Denn ab und zu bei Jesus reinzappen, ab und zu mal ein frommes Event, ab und zu mal einen auf „christlich" machen, das bringt's nicht. Jesus will einfach, dass wir ehrlich und echt sind.

Da stehen sie nun, die Freunde von Jesus. Dass der aber auch so persönlich fragen muss! Dass er immer so direkt sein muss! „Wer bin ich für euch?", hatte er sie gefragt. Ganz betreten stehen sie da. Vorher haben sie alle munter drauflosgeplappert, jetzt sagt keiner ein Wort. Aber dann meldet sich doch einer: Petrus.

Petrus ist, wenn man so will, das „Großmaul" unter den Jüngern. Er ist einer der verrücktesten Typen der Bibel – ein bisschen ausgeflippt, aber doch liebenswert. Ein echter Draufgänger eben. Immer wenn's brenzlig wird, stürmt Petrus nach vorn und reißt die Klappe auf. Oft genug muss ihn Jesus zurückpfeifen.

Aber diesmal trifft er den Nagel auf den Kopf. Er tritt nach vorne und sagt zu Jesus: „Du bist Christus, der Sohn des lebendigen Gottes."

Das ist es. Damit spricht er ein Geheimnis offen aus. Das Geheimnis um Jesus: Jesus ist der Sohn des lebendigen Gottes.

Nun klopft Jesus Petrus auf die Schulter und sagt: „Mensch, Petrus! Das hat dir kein Mensch gesagt, sondern mein Vater im Himmel."

Kein Mensch kann das von sich aus wissen. Kein Mensch kann von sich aus Jesus erkennen. Keiner, wirklich niemand, kennt von sich aus das Geheimnis um Jesus, den Christus, den Sohn des lebendigen Gottes.

Weißt du, Jesus ist nicht nur ein Mensch wie du und ich. Gott selbst ist hier in unsere Welt gekommen. Er wurde Mensch und starb für uns am Kreuz. Er nahm diese furchtbare Qual auf sich. Wir können das nie ganz verstehen, aber wir können ihm ganz vertrauen. Und dann erleben wir auch: Es ist wahr. Wir erfahren es: Jesus selbst ist die Wahrheit in Person. Wahrer Mensch und wahrer Gott. Der Geheimtipp für unser Leben.

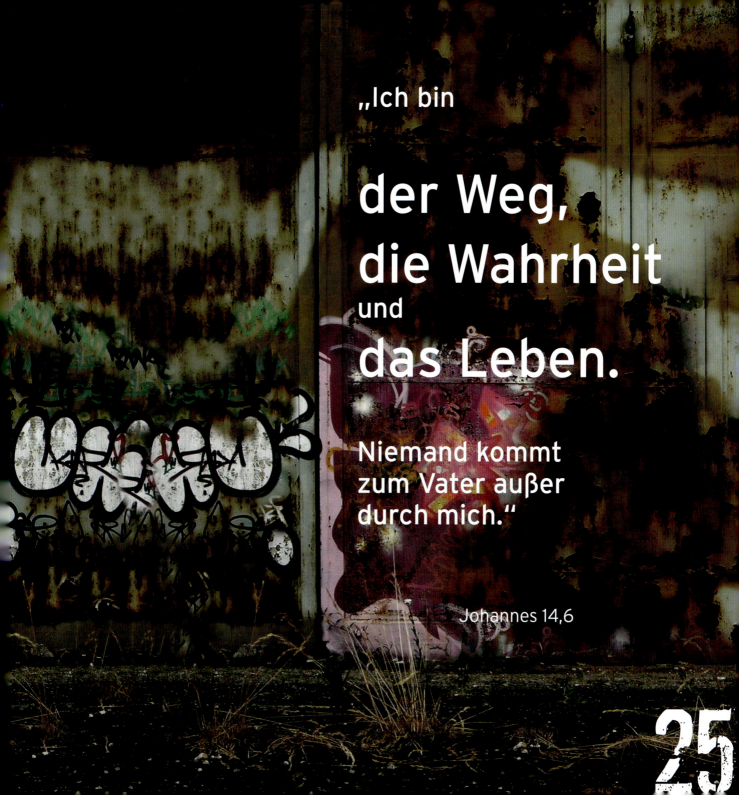

Er ist kein Musik-Gott wie Robbie Williams oder Lady Gaga irgendwo im Pop-Olymp. Wir Christen haben keinen Supergott, unerreichbar erhoben wie Allah oder unglaublich erhaben wie Buddha. Nein, der lebendige Gott ist anders, ganz anders: Er wurde hingerichtet, ans Kreuz genagelt.

Jesus ist eigentlich mit niemandem zu vergleichen. Er ist Gottes Sohn. Ja, das lesen wir in der Bibel. Aber was heißt das?

Jedenfalls ist er nicht ein Gott wie die Özils, Schweinis und Müllers auf dem Thron im Fußballhimmel.

Er starb wie ein Verbrecher. Aber, sieht so ein Gott aus?

Wer kann das schon begreifen: dass Jesus leiden und sterben musste? Dass Gottes Sohn am Kreuz verbluten musste? Dass Jesus für uns in den Tod ging?

Wer zu Jesus gehört, wer also als ein Freund von Jesus leben will, gehört nicht zu einer Startruppe, die Millionen verdient, so wie Jogis Jungs, die Kicker unserer Nationalelf. Dafür gehörst du mit Jesus zu denen, die schon gewonnen haben: das volle Leben – jetzt und für immer.

Du fragst: Warum? Warum das Kreuz? Antwort: Weil er uns so liebt. So sehr, dass er für uns starb. So liebt Gott: Er ließ sich für uns zu Tode quälen, damit wir leben können. Er nahm unseren Tod auf sich, damit er uns sein Leben schenken konnte.

27

DURCHS FEUER

Vielleicht hast du schon einmal von den Waldbränden in Kalifornien gehört. Riesige Flächen von Wäldern brennen dort jedes Jahr einfach ab. Zurück bleiben nur Asche und verbrannte Erde.

Vor einigen Jahren war ich dort. Damals habe ich von einem Farmer gehört, der bei einem solchen Brand alles verloren hat.

Nachdem die Feuerwalze vorbei war, ging er mit einem Stock in der Hand über sein Land und sah sich den Schaden an. Er stapfte durch den Wald – besser gesagt: durch die verkohlte Landschaft, die das Feuer übrig gelassen hatte.

Auf einmal sah er zwischen verkohlten Ästen einen toten Vogel liegen. Tot. Verbrannt. Seine Flügel waren ausgebreitet.

Der Farmer nahm, ohne groß nachzudenken, seinen Stock und drehte damit den Vogel um.

Und dann die Überraschung, eine Wahnsinnsentdeckung: Unter dem toten Vogel, unter seinen ausgebreiteten Flügeln, kauerten drei oder vier kleine Küken. Kaum zu glauben, aber sie lebten und piepten ängstlich vor sich hin. Die Vogelmutter war im Feuer verbrannt, aber unter ihren Flügeln hatten ihre Kinder überlebt.

Siehst du, so wie die Vogelmutter für ihre Küken gestorben ist, weil sie sie liebte, so zeigte Gott auch seine Liebe zu uns: Am Kreuz auf dem Hügel Golgatha bei Jerusalem hat der Sohn Gottes seine Arme ausgebreitet, um für uns zu sterben. Im Schutz dieses Kreuzes bleiben wir am Leben. In Jesus Christus ging Gott für uns „durchs Feuer". Und das nur mit einem Ziel: damit wir leben. Gott hatte die Qual. Und wir haben das Leben.

Wir müssen uns ständig für oder gegen irgendetwas entscheiden. Aber dabei dürfen wir eines nicht vergessen: was schon entschieden ist. Und wer sich schon für uns entschieden hat.

Die Entscheidung für Jesus ist eine andere als die, was du heute anziehst, was du beruflich machen willst oder wen du vielleicht mal heiraten willst.

Entscheidend ist: Jesus hat sich zuerst für dich entschieden. Jesus hat dich gewählt. Er hat „sein Kreuz gemacht" - buchstäblich: Am Kreuz hat er sie durchgestanden, die Qual der Wahl.

Und seitdem gilt für dich ganz persönlich: Du bist erwählt. Die Frage ist nur: Nimmst du diese Wahl an? Diese Wahl annehmen - genau das heißt Glauben.

Vielleicht fragst du manchmal: Liebt Gott mich wirklich, obwohl ich immer wieder so zickig bin? - Sieh auf das Kreuz. So sehr liebt dich Gott.

Vielleicht zweifelst du immer wieder: Bin ich Gottes Kind, obwohl ich immer wieder schuldig werde? - Sieh auf das Kreuz. Gottes Wahl gilt ein für alle Mal.

Vielleicht verzweifelst du manchmal: Steht Gott zu mir, obwohl ich meine Freundin belogen habe? Obwohl ich mir heimlich Pornos angesehen habe? Obwohl, obwohl, obwohl ...? - Sieh auf das Kreuz. Da hat sich Jesus für dich entschieden. Es gilt in alle Ewigkeit: Du bist erwählt.

Wenn ihr für ihn lebt und das Reich Gottes zu eurem wichtigsten Anliegen macht, wird er euch jeden Tag geben, was ihr braucht.

Matthäus 6,33

Große Ziele wollen wir erreichen: das eigene Auto kaufen können, das eigene Haus bauen, später mal eine abgesicherte Rente haben. Weil wir so viel erreichen wollen, arbeiten wir viel. Wir knechten für die Karre. Wir schuften für den Schuppen. Wir rackern für die Rente. Was für eine Hetze! Wir jagen den Zielen hinterher, die wir uns selbst gesteckt haben, und hecheln durch unser Leben. Das ist alles schön und gut, aber das ist eben nicht alles. Denn das, worauf es wirklich ankommt, können wir uns nicht erarbeiten. Das wirklich Wichtige können wir uns nicht verdienen.

Das Entscheidende im Leben wird uns geschenkt: unsere Gesundheit, unser Glück, unser Leben. Wir können es nur empfangen und mit offenen Händen annehmen und uns von Herzen bedanken.

Bei wem? Beim Geber aller Gaben natürlich. Beim Schöpfer der Welt. Bei dem, durch den alles begann, von dem wir herkommen und auf den wir zugehen.

Das heißt nicht, dass wir ab jetzt die Hände in den Schoß und uns selbst auf die faule Haut legen. Wir arbeiten redlich und geben uns alle Mühe, aber das Ziel ist ein höheres: Wir richten uns nicht mehr danach aus, was wir mal haben oder erreichen wollen, sondern nach dem, der uns das Leben gab. Wir orientieren uns an dem, auf den unser Leben zugeht. Wir trachten zuerst nach dem Reich Gottes.

Wer dieses Ziel nicht hat, irrt ziellos über diesen Planeten. Aber wer auf den zulebt, der alles hat und alles gibt, lebt gesegnet. Darin liegt das Geheimnis des Glücks. Wer Gott vertraut, erlebt mitten auf dieser Erde himmlische Zufälle. Alles wird uns zufallen! Das verspricht uns Jesus: Knechten, schuften und rackern – das muss nicht sein, denn der Vater im Himmel sorgt für uns.

Du wirst mir den Weg zum Leben zeigen und mir die Freude deiner Gegenwart schenken. Aus deiner Hand kommt mir ewiges Glück.

Psalm 16,11

Ein Mann hatte zwei Söhne. Der jüngere Sohn sagte zu seinem Vater: „Ich möchte meinen Erbteil von deinem Besitz schon jetzt haben." Da erklärte der Vater sich bereit, seinen Besitz zwischen seinen Söhnen aufzuteilen. Einige Tage später packte der jüngere Sohn seine Sachen und ging auf Reisen in ein fernes Land, wo er sein ganzes Geld verprasste. Etwa um die Zeit, als ihm das Geld ausging, brach in jenem Land eine große Hungersnot aus, und er hatte nicht genug zu essen. Da überredete er einen Bauern, ihm Arbeit zu geben, und er durfte seine Schweine hüten. Der junge Mann war so hungrig, dass er die Schoten, die er an die Schweine verfütterte, am liebsten selbst gegessen hätte. Aber niemand gab ihm etwas. Schließlich überlegte er und sagte sich: „Daheim haben die Tagelöhner mehr als genug zu essen, und ich sterbe hier vor Hunger! Ich will zu meinem Vater nach Hause gehen und sagen: ‚Vater, ich habe gesündigt, gegen den Himmel und auch gegen dich, und ich bin es nicht mehr wert, dein Sohn zu heißen. Bitte stell mich als einen deiner Tagelöhner ein.'" So kehrte er zu seinem Vater nach Hause zurück. Er war noch weit entfernt, als sein Vater ihn kommen sah. Voller Liebe und Mitleid lief er seinem Sohn entgegen, schloss ihn in die Arme und küsste ihn. Sein Sohn sagte zu ihm: „Vater, ich habe gesündigt, gegen den Himmel und auch gegen dich, und bin es nicht mehr wert, dein Sohn zu heißen." Aber sein Vater sagte zu den Dienern: „Schnell! Bringt die besten Kleider im Haus und zieht sie ihm an. Holt einen Ring für seinen Finger und Sandalen für seine Füße. Und schlachtet das Kalb, das wir im Stall gemästet haben, denn mein Sohn hier war tot und ist ins Leben zurückgekehrt. Er war verloren, aber nun ist er wieder gefunden." Und ein Freudenfest begann.

Lukas 15,11-24

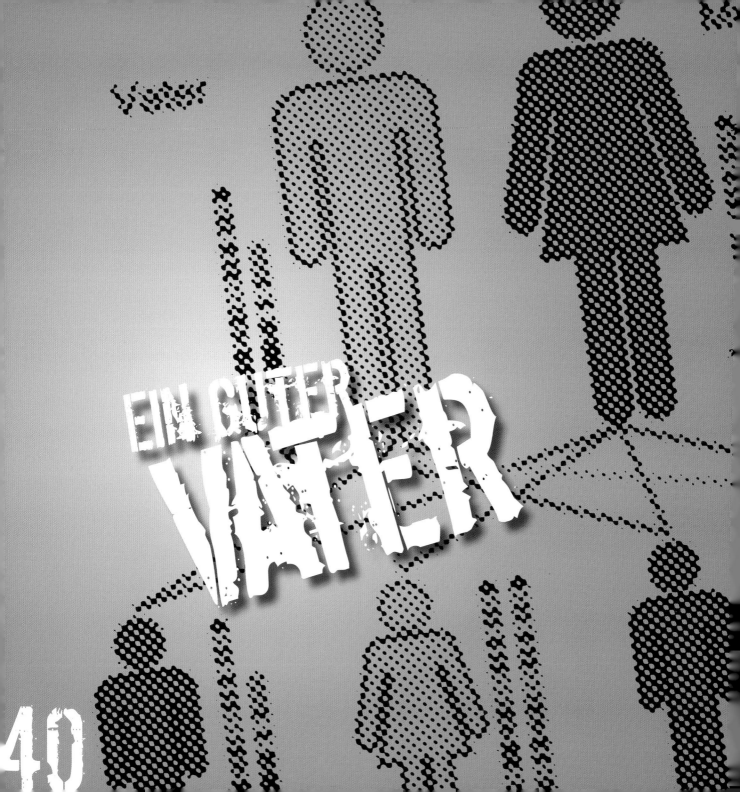

Ich weiß nicht, wie du zu deinem Vater stehst. Hast du ein gutes Verhältnis zu ihm? Oder ist eure Beziehung eher belastet? Vielleicht kannst du es auch gar nicht so genau sagen.

Was ein guter Vater ist – nicht jeder hat das zu Hause vorgelebt bekommen. Aber Jesus stellt uns Gott als unseren liebevollen Vater vor. Auch wenn wir uns das gar nicht vorstellen können – Gott ist unser guter Vater.

Bei ihm bist du zu Hause. Er hat einen Platz für dich, einen Raum zum Leben, ein Stück Heimat. Alles, was du brauchst, um glücklich zu sein. Er will das Beste für dich. Aber er lässt dich auch gehen, wenn du das willst. Er bindet dich nirgends an. Er hält dich nicht fest. Im Gegenteil: Er lässt dir alle Freiheiten. Aber er ist geduldig. Er wartet auf dich. Auch wenn du dich weit von ihm entfernt hast, vergisst er dich nicht. Und was auch immer du tust – er hört nie auf, dich zu lieben. Woher auch immer du kommst – er verstößt dich nicht. Was auch immer du verbrochen hast – er ist bereit zu vergeben. Er öffnet die Tür, wenn du zurückkommst. Er nimmt dich in seine Arme. Er feiert ein Fest für dich. Er freut sich mit dir. Dein Zimmer im Himmel ist bereit.

So ist Gott, sagt Jesus. Er ist dein Vater. Ein guter Vater.

Segen soll über den kommen, der seine ganze Hoffnung auf den Herrn setzt und ihm vollkommen vertraut.

Jeremia 17,7

Ein Schüler ist durch die entscheidende Mathearbeit seiner Abschlussprüfung gefallen. Er schickt eine SMS an seinen Bruder: „Nicht bestanden. Bereite Vater vor!" Kurz darauf kommt die Antwort vom Bruder: „Vater vorbereitet. Bereite du dich vor!"

Uff – mit Vätern ist das so eine Sache. Manche sind locker und verständnisvoll, manche sind streng, hart und gnadenlos. Dabei wissen wir ja auch, dass ein bisschen Strenge und Liebe sich nicht ausschließen, im Gegenteil.

Ein Vater ist jedenfalls liebevoll. Er will auch dein Vater sein. Du weißt, von wem ich rede: von Gott.

Jesus hat ihn uns gezeigt: Gott ist nicht ein alter, verdatterter Großvater im Himmel, irgendein Onkel auf Wolke sieben oder sonst ein entfernter Verwandter. Nein, Gott ist unser Vater. Er liebt uns, und weil er uns liebt, kann er auch mal streng sein. Er sagt, was er will, was gut für uns ist und was nicht. Dazu gibt er seine Gebote. Aber er ist nie hart und unberechenbar. Er ist nie launisch und gemein. Gott ist ein Vater, der nicht schlägt, uns nicht belügt und uns nie vor die Tür setzt.

Unserem Vater im Himmel können wir vertrauen. Jederzeit. Egal, was geschieht oder was wir getan haben. Ganz gleich, was wir ausgefressen haben. Wir dürfen zu ihm kommen – auch mit einer Sechs in Mathe.

UNSER VATER

46

Unser Vater im Himmel! Dein Name werde geheiligt.

Dein Reich komme.

Dein Wille geschehe wie im Himmel so auf Erden.

Unser tägliches Brot gib uns heute.

Und vergib uns unsere Schuld,

wie auch wir vergeben unsern Schuldigern.

Und führe uns nicht in Versuchung,

sondern erlöse uns von dem Bösen.

Denn dein ist das Reich und die Kraft

und die Herrlichkeit in Ewigkeit.

Amen.

MATTHÄUS 6,9-13

Wir denken oft: Gott erhört meine Gebete doch sowieso nicht. Sie bleiben an der Zimmerdecke hängen, kommen nirgendwo an. Dann kann ich das Beten doch gleich bleiben lassen.

Dabei machen wir uns nicht bewusst, dass Gott niemals versprochen hat, dass er alle unsere Wünsche erfüllt. Das steht nirgendwo in der Bibel. Nur auf eines ist Verlass: Das, was er zusagt, das löst er ein. Er steht zu seinen Versprechen, er erfüllt seine Verheißungen.

In einem älteren Lied heißt es: Wenn der Wunsch in meinem Herzen sich still in deinen Willen legt, dann spüre ich trotz aller Schmerzen, dass deine Liebe mich umgibt.

Das kannst du auch erfahren, wenn du von Herzen betest. Sprich deinen Wunsch vor Gott aus! Bitte zum Beispiel darum, dass du gesund wirst, wenn du krank bist! Nenne ihm die Namen der Menschen, die du lieb hast, bete für sie. Hör nicht auf, Gott anzurufen. Erinnere ihn daran, dass er doch barmherzig ist. Ruf ihn im Gebet als deinen Vater an. Wirf dich ihm in die Arme!

Du wirst es erleben: Du wirst spüren, dass seine Liebe dich umgibt. Vielleicht erfüllt er nicht deinen Herzenswunsch, aber er trägt dich. Wenn der Wunsch in deinem Herzen sich still in seinen Willen legt …

Das geschieht, wenn wir das Vaterunser beten. Wir legen unsere Wünsche in Gottes Willen. Mehr noch: Wir werfen uns ihm in die Arme.

Sag mal, hast du ein Geheimnis? – Ich vermute mal, schon. Die meisten Menschen haben Geheimnisse. Vielleicht bist du heimlich ein bisschen verliebt, vielleicht sogar bis über beide Ohren, aber niemand ahnt etwas davon, am wenigstens die Person, in die du verliebt bist. Und du verrätst es auch nicht. Es bleibt – zumindest vorerst – dein Geheimnis.

Geheimnisse gibt es viele. Nicht nur wenn es um die Liebe geht. In der Weihnachtszeit zum Beispiel gibt es jede Menge Geheimnisse. Viele üben sich auch in Geheimniskrämerei, wenn es ums Geld geht. Viele Menschen reden nicht gerne darüber. Oft haben Geheimnisse aber auch mit Schuld zu tun. Man hat etwas richtig verbockt, und am besten soll niemand etwas davon wissen. Oder es gibt etwas, das man einfach nicht lassen kann. Es ist einem peinlich, weil man weiß, dass diese Sucht einem nicht guttut, und obwohl man es nicht will, tut man es immer und immer wieder ...

Es gibt helle und dunkle Geheimnisse, schöne und böse. Aber weißt du, was das größte Geheimnis ist? – Ich finde, das ist Gott. Gott ist nicht nur verliebt – er liebt uns tief und innig. Um uns das zu zeigen, schickte er seinen Sohn Jesus in die Welt. Er gab ihn in den Tod, damit er die Tür zum Himmel für uns aufschließen konnte. Das lesen wir in der Bibel, davon hören wir in Gottesdiensten, darauf vertrauen wir – aber ganz begreifen werden wir das nie. Gott bleibt geheimnisvoll.

Ich finde das ganz wertvoll: Er kennt auch meine dunkelsten Geheimnisse – und er liebt mich trotzdem. Ich bekomme das nicht in meinen Kopf rein, aber genau daran glaube ich. Jesus ist für mich geheimnisvoll, wunderbar, großartig.

Gott liebt jeden Einzelnen von uns so, als gäbe es außer uns niemanden, dem er seine Liebe schenken könnte.

AUGUSTINUS

DIE KREUZWEGE MEINES LEBENS

Ich sehe ihn nicht. Ich höre ihn nicht. Ich spüre ihn nicht einmal. Wenn ich ehrlich bin, dann bin ich ziemlich auf mich gestellt. Wo er ist, weiß ich nicht. Und doch ist eine entscheidende Erfahrung, die ich immer wieder mache: Ich bin nicht allein! Gott ist bei mir. Er redet. Er lässt sich erfahren. Er zeigt sich und begleitet mich durchs Leben.

Wie er das tut? Ich weiß es nicht – er ist einfach da. Gerade dann, wenn ich mich ziemlich allein fühle. Wahrscheinlich ist es der Geist Gottes, der mich so gelassen macht. Ich verlasse mich auf Gottes Versprechen. Auch in Situationen, in denen ich mich vielleicht allein fühle.

Gott verspricht in der Bibel: „Ich werde dich nie verlassen und dich nicht aufgeben" (Josua 1,5). Eingelöst hat er sein Versprechen durch Jesus Christus, der die tiefste nur denkbare Verlassenheit erlitten und durchschritten hat: den Tod.

Ich glaube nicht an einen Gott, der irgendwo im Himmel wohnt, fernab von dieser Welt. Ich glaube an den Gott, der den Himmel verlassen hat, der auf diese Erde heruntergekommen ist, Mensch geworden ist wie ich, allein war wie ich, einsam war, viel mehr als ich, und mehr als je ein anderer Mensch von Gott und der Welt verlassen war. Mit letzter Kraft hat er am Kreuz zu seinem Vater im Himmel geschrien: „Mein Gott, mein Gott, warum hast du mich verlassen?!"

Jesus hat die totale Einsamkeit erlebt. Dafür steht das Kreuz. Und deshalb sind wir auf unseren Kreuzwegen nicht mehr allein. Die Kreuzwege unseres Lebens müssen wir nicht allein gehen - Jesus geht sie mit.

PARTNER GESUCHT –

„Partner gesucht" – das steht oft über Partnerschaftsanzeigen im Web und in der Zeitung. Das steht aber auch über unserem Leben: Wir alle suchen echte Lebenspartner. Ist doch so, oder? Ohne Partner können wir nicht leben. Wir brauchen andere Menschen, mit denen wir unser Leben teilen. Dabei ist interessant: Wenn du das Lexikon aufschlägst und nachliest, was „Partner" bedeutet, dann findest du da vor allem zwei Bedeutungen: „Mitspieler" und „Teilhaber".

Partner im Sinne von Mitspieler werden wir immer finden: Mitspieler für ein Tennismatch, für ein Schachspiel, für Spiele jeder Art. Auch im Hinblick auf das Spiel des Lebens: für Geschäfte, für schnellen Sex, für ein bisschen Unterhaltung.

Mitspieler finden wir. Aber wie ist das mit Teilhabern? Wer nimmt an meinem Leben wirklich teil? Und wer gibt mir Anteil an seinem Leben? Wer freut sich ehrlich und aufrichtig mit mir, wenn mir etwas Gutes widerfährt, ohne Neid und Missgunst und ohne

UND GEFUNDEN

Hintergedanken? Wer leidet mit mir, wenn's mir schlecht geht? Wer versteht mich? Wem kann ich voll und ganz vertrauen?

Wer solche Menschen hat, Teilhaber, echte Lebenspartner, ist glücklich zu schätzen! Ich wünsche dir sehr, dass du solche Leute findest. Verschleudere dein Leben nicht an Mitspieler, die dich nur ausnutzen. Sie wollen vielleicht dein Geld, deinen Körper, deine Zeit, deine Leistung – aber nicht dich!

Und denk daran: Letztlich sind wir Menschen begrenzt in den Möglichkeiten, am Leben anderer teilzuhaben. In den entscheidenden Lebenssituationen können wir nicht an die Seite des anderen treten – und andere nicht an unsere. Es gibt nur einen, der vollkommen an unserem Leben teilhat und ganz für uns eintritt. Dieser Partner ist Jesus Christus. Er teilt mein ganzes Leben mit mir: die guten Zeiten ebenso wie die schlechten. Er ist immer bei mir. Ich bin nicht allein.

Vor den Menschen brauchst du keine Angst zu haben, denn ich werde immer bei dir sein und dich retten. Das verspreche ich, der Herr.

JEREMIA 1,8

Erwarte große Dinge von Gott.

William Carey

TROTZDEM FÜR MICH

EIN GEBET NACH PSALM 139

62

Du siehst alle meine Wege, und trotzdem siehst du nicht weg.
Du kennst alle meine Gedanken, und trotzdem denkst du an mich.
Du hörst alle meine Worte, und trotzdem sprichst du zu mir.
Du kennst mein ganzes Leben, und trotzdem segnest du mich.

Du weißt, dass ich mich verstecke, und trotzdem findest du mich.
Du weißt, dass ich das Ziel verfehle, und trotzdem umgibst du mich.
Du weißt, dass ich mich vergreife, und trotzdem hältst du mich.
Du weißt, dass ich Dich verlasse, und trotzdem liebst du mich.

Du lässt mich fliehen und bleibst doch bei mir.
Du lässt mich gehen und gehst doch mit.
Du lässt mich ziehen und bist doch da.
Du lässt mich stehen, und du stehst zu mir

Du lässt mich fliegen, aber nie fallen.
Du lässt mir die Freiheit, aber du gibst mich nicht preis.
Du lässt mir Zeit und bleibst für mich bereit.
Du lässt mir die Ewigkeit.

Du bist barmherzig und gnädig.
Du bist wahrhaftig und treu.
Du bist unbegreiflich.
Trotz allem bist
du für mich.

DIE KONFI-GRUPPE

Hier kannst du ein Foto deiner Konfi-Gruppe einkleben.

Platz für Unterschriften
der Konfi-Gruppe

MEINE GÄSTE

Hier ist Platz für gute Wünsche von deiner Familie, deinen Gästen und Gratulanten oder für weitere Fotos.

DIESE SEITE IST NUR FÜR DICH

Diese Seite ist für dich. Du kannst hier zum Beispiel deinen Konfirmationsspruch aufschreiben oder etwas, was dir in der letzten Zeit wichtig geworden ist.